マダム・ロッタとパリ行かない?

桜井かおり

もくじ

Prologue

バターたっぷりのヴィエノワズリーが好き

美しく歳を重ねた先輩女性が、パリの街を闊歩する姿を見るのが好き

道を間違えちゃったおかげで見つけたパリの小径が好き

公園のベンチでバゲットをほおばってもサマになっちゃうのが好き

パリで出会う古いものと新しいものが好き

パリジェンヌに混ざって、カフェのテラスでロゼを飲む夕暮れのひとときが好き

会いたい人がたくさんいるパリがたまらなく好き

パリの好きなところをあげたらきりがない。

まだ行ったことがない人、今すぐ行けない人にとって、

この本がパリへの空想旅行のチケットになるといいな。

On y va!

Aller à Paris Avec Madame Lotta

Chapitre 1

頭の中はいつだってパリ

Paris

わたしはこの街がどうしてこんなに好きなんだろう。

友人たちからも「何でパリばっかり行くの？」「フランスの他の町は行かないの？」と度々聞かれる。「いつかパリに飽きたらねー」と答えてきたけど、困ったことに飽きるどころかいつも心奪われる。毎回心を残したまま帰国する。まるで恋人を残してきたかのように、すぐにでもまたパリに行きたくなってへそくりをはじめる、の繰り返し。

カフェのテラスでショコラ ショーを飲みながら、パリの好きなところを今回書き出してみた。それでわかったことは、若い頃とはパリへの想いが違っていた。"おしゃれでお買い物が楽しい""食べたいものがたくさん"ではなくなっていました（たしかに昔ほどパリで物は買わなくなったわ）。物ではなくて目で見るものひとつひとつに感動して心が豊かになる感じ。

歩道は日本の方が断然きれいよ。パリにはわんこの落とし物があちらこちらに落ちているからね。足元に気をつけて歩かないと運がついちゃう。トイレだって日本とは雲泥の差だしね。

じゃあ何だろう？

日本をきれいと表現するなら、パリは「美しい」。そして「広く高い空」、まさにこれです。セーヌ川にかかる橋を渡る時、早朝と夕焼けの時間ではまったく違う美しさを見ることができる。感動して涙が溢れるの。その美しさは、犬の散歩をしているパリジャンでさえ、足を止めてスマートフォンで写真を撮るほど。出発前に書いた「パリで買う物リスト」が、もうそんなのどうでもいいや！とぶっ飛んじゃうぐらい感動します。

だからパリはどこまででも歩けるんだと思うな。上を見たり下を見たりで20,000歩とかへっちゃらで歩いちゃってるもん。

空

パリの空ってなんであんなにどこまでも広く、そして澄んでいて美しいのでしょう。街を歩きながら何度も足が止まっちゃう。早朝、郊外へ向かう長距離列車の車窓から見る空も、早起きで眠いはずなのにずっと眺めていたい。寝るなんてもったいないよ。

わたしが思うにね、きっと高い建物が少ないからじゃないかな？そして歴史ある古い建造物が壊されずに大切に残されていることで、建物と空が相乗効果で美しさを増しているようにも思う。でも、一番大きな理由は電柱と電線がないこと。なんとパリの無電柱化率はほぼ100%なんですって！

冬の一日中どんよりとしたダークグレーの空を、冬のパリのマイナス点のように言う人もいるけど、あんなにロマンチックな空はなかなかない。わたしはきらいじゃないなー。

もちろん春から初秋にかけてのパキッとしたライトブルーの空も、首が痛くなるぐらいずっと見上げていられる。好き。そのブルーの空がまるで一枚のキャンバスのように、飛行機雲の線がすーっと美しく描かれている時がある。その線は、一本だったり、幾本だったり、長かったり、平行線だったり、幾何学模様に見えたり、陽光がさしてキラキラと輝いていたり。

わたしのスマートフォンのカメラロールには、そんな美しいパリの空の芸術がたくさん納められています。

休日、セーヌ川のほとりやサン・マルタン運河沿いで、買ってきた（家から持ってきたのかな？）ワインを飲みながらおしゃべりやカードゲームを楽しむ人が多いのもわかります。だって見上げればあの空が広がっているんだもん。

あ、でもひとつだけ。冬の買い付けの仕事の時、蚤の市がはじまる朝7時でもまだ真っ暗なのにはちょっと困るけどね。

パリのわんこ

　最初に。わたしは子供の頃から犬しか飼ったことがありません。そのせいでしょうか。パリでもつい目がわんこを追っかけてしまいます。

　以下、私的パリわんこ事情の調査報告です。

① 洋服を着ているわんこは滅多に見かけない。

② おめめが見えないぐらい、毛はモジャモジャ&ボサボサ率高し。

③ メトロやバスにわんこがリード付きで乗っている場面を多々見かける。微笑ましい。

④ 蚤の市、マルシェ、路上でもノーリードのわんこを多々見かける。これは逃げないか心配になる。

⑤ カフェでおしゃべりに夢中の飼い主の足元にわんこがペシャンと座っている姿を多々見かける。ごゆっくりどうぞ〜感。

⑥ 道端に車が停車したかと思うと飼い主がわんこだけ歩道におろして、『うーん』て出たらわんこをヒョイと抱きかかえて車に乗せ、そのまま発車。おいおい〜。

⑦ パリに行きはじめた頃、乗車したタクシーの助手席にシェパードっぽい大きなわんこが座っていてびっくり仰天！

⑧ 公共の場で吠えまくるわんこはあまり見かけない。パリのわんこは、のほほ〜んと穏やか。

⑨ パリのわんこは表情豊かで笑っている。

　みんなが、わんこはいつでもどこでも、飼い主と一緒にいて
当たり前と思っていて、国レベルでわんこは家族であり、社会
の一員として人権ならぬ犬の権利（犬権）が守られているんだ
ろうな。

　でもあくまでも犬は犬。そして人は人として、線引き（区別）
はしっかりしています。カフェや乗り物でわんこを椅子に座ら
せたりはしません（たまーに見かけるけどね）。

　いくらパリのわんこ達がmignon（ミニョン＝かわいい）だ
からって、パパラッチはダメです。写真を撮る時はちゃんと飼
い主に一声かけるのが大切なマナーよ！だってわんこは大切な
家族なんだもの。

パリのおじいちゃんとおばあちゃん

街なかで見かけるおじいちゃんとおばあちゃん。なんだかその姿がとてもかわいらしくて（失礼かしら）、すれ違ったあとつい振り返っちゃう。

まずは、おじいちゃんレポート。

ふくよかなおじいちゃん、または痩せていてヒョロヒョロ〜と背が高いおじいちゃんが多い気がする（わたし調べ）。

週末の重い食材のまとめ買いはおじいちゃんの役目なのかな？マルシェでおじいちゃんが年季の入った大きなマルシェカゴを持って野菜をえらんでいる。これがもうなんとも微笑ましい姿なのです。ボサボサのわんこがうしろをトボトボとついて歩いていたりね。

コーディネートは、おばあちゃんが選んだのかしら？それとも自分で考えたのかしら？セーターの首元にはスカーフが巻いてあったり、ジャケットにはエルボーパッチがついていたり。買い出しなのにちゃんとおしゃれをしているのです。そして茶目っ気もたっぷり。目が合うとパチッとウインクしてきます。

おつぎは、おばあちゃんレポート。

おばあちゃんに関しては、あんな風に歳をとりたいなというわたしの人生の密かな目標にしています。口元は赤いルージュ、指先は赤いネイル。パキッとしたきれいな色の服を着て、足元は低いけどちゃんとヒールを履いているのです。歩きやすさより、美しさを優先しているのでしょうね。ゆっくり、ゆっくり歩いているけどね。

メトロや街なかでおばあちゃんから「あなたの洋服すてきね！美しいわ」と褒められたりします。いくつになっても気になるのでしょう。わたしも真似してカフェで隣の席のおばあちゃんが素敵なお召し物だったら、ジェスチャーで「すてき！お似合いです」とお伝えします。

　女性を意識しているその佇まいは本当にかっこいい！人がどう思おうが着たいものを着る！そしてマダムが優遇される街、それがパリ。

　やっぱり、老後はパリで暮らしたいな…。ちょっと派手でキュートなおばあちゃんになって、昼間のカフェのテラス席で冷えた白ワインを飲みたいわ。

季節

いつのパリが好きかなぁ？

　春から6月のパリはお花がいっせい
に咲いて最高よ！ってよく聞きます。
降り注ぐ陽ざし、広く青い空。公園
の芝生は青々として毎日がピクニッ
ク日和。

　Noël（ノエル）のイルミネーショ
ンがはじまる11月終わりから12月の
パリも、キラキラのシャンゼリゼ通り
を「きれいだね、きれいだね」と言い
ながら、ホットワイン片手に歩くのも
いい。街中で焼き栗を売りだすのもこ
の頃かしら。ただ、空は一日鉛色。こ
れもパリらしい。

　初秋の木々が黄色に色づきはじめる
9月のパリも、暑すぎず寒すぎず過ご
しやすくていいです。マルシェにおい
しい食材も並びはじめるしね。ミラベ
ル（フランス特産のフルーツ。スモモ
の一種）とか黒イチジクとか。

　2月はわたしが好きな蚤の市も開催
していないし、パリ在住の友人から避

けた方がいいって言われるけれど、あのどんよりとした雲もグレーの空も、一日中暗くって日が短く損した気分になるのも“らしくて”嫌いじゃない。ただ、寒い。寒すぎるのー。

　あっ。食いしん坊が避けた方がいいのは7月の終わりから8月かしら。ヴァカンスシーズンでおいしいお店（カフェ、ブーランジェリー、ショコラトリー、パティスリー）がまるまるお休みになる期間があるから。観光客が増えて稼ぎ時だと思うけど、ヴァカンスを優先しちゃうところがフランスよね。パリが観光客だらけになっちゃうのも、パリジャン・パリジェンヌウォッチングができなくなっちゃうのもちょっと残念でもある。

　年に2回開催されるセールの時期（セール期間は政府が決めるんだって）も街中がごった返すそうよ。もしセール目当てならこの時期に。ちなみにわたしはごった返しのセールは未経験。

　あれれ、ということは…いつだってベストシーズンなのね、パリは。ぜひみなさんのベストシーズンを見つけてみてね。わたしは、蚤の市情報をチェックしてパリ旅の日程を決めることが多いです。

旅のスケジュールの組み方

何曜日に何する？どこ行く？何食べる？

まず行きたいカフェ、行きたい蚤の市情報、パリで会いたい人をばーっと書き出します。このリストとにらめっこしながら滞在の日程に当てはめていくのです。

週末は蚤の市を数ヵ所まわる。夜はクタクタだから友人との約束はなるべく入れないようにしています。ひとりで近所でアペロ。日曜日の朝ごはんはラスパイユのBIOマルシェ（6区）に行って食べたいものを調達。このあと蚤の市へ。

若い頃は毎日カフェ巡りをしてケーキやクロワッサンを食べまくり、夜はパリ在住の友人たちとコース料理も食べられた。だけど数年前から胃がついていけなくなって、どうしても行きたい店を1日のスケジュールでひとつだけ組み入れるように。夜も友人とさくっとアペロだけで済ませちゃうことも。替えの

胃袋があったらどんなにいいことでしょう！

　問題は月曜日の過ごし方。わたしのお気に入りの店は月曜日休みが多いのです。定休日が日曜日の場合でも、月曜日のオープン時間が午後からだったり。なのでわたしは月曜日をお散歩day（街歩き）にあてます。

　ひたすらセーヌ川沿いを歩いたり、公園のベンチで焼きたてのクロワッサンを食べながらメリーゴーラウンドをぼーっと見ていたり、教会を見てまわったり。夕方になったら、わたしが"冷蔵庫"と呼ぶパリの老舗百貨店『ル・ボン・マルシェ』に寄っておいしいものを調達。

　エッフェル塔のシャンパンフラッシュを見に行くのもいいですね。キラキラのシャンパンフラッシュなんて見ちゃったら、あなたもパリに恋に落ちるでしょう。

　月曜日はどこも休みだ…とがっかりせず、ぜひこんな風に過ごしてみて！月曜日はパリで頭のストレッチを。わたしが大人になって学んだことは『旅の計画は引き算する』です。

研究熱心ではなくなりました

　表紙に『PARIS』って書いてある本をわたしは何冊持っていることでしょう。昔はパリ行きが決まるたび、最新情報を求めて書店をまわり、ガイドブックを買い込んでいたからね。

　そこに『パリ特集』というタイトルのファッション雑誌が出たら、もちろんまた書店へ。もう本棚はParis、Paris、Paris…。じっくり予習して、付箋紙をベラベラと貼ったガイドブックを持ってパリの街を歩く人でした。

　そんなパリ旅をずっとしてきて気づいたことは、最新のしゃれた店より、わたしはパリらしいシックな店（古き良き店）がやっぱり好きだなってこと。それに気づいてからは研究（名づけて『パリ研』）熱心ではなくなりました。年齢を重ねたことも大きいかもね。

　それでも、毎回パリ在住の食通の友人には「いま評判のいいお店は？」と数店情報をもらいます。彼女のお墨付きの店は間違いがなく、のちに日本の食いしん坊たちにその評判が広がって「かおりさんはこのお店ご存知ですか？」と聞かれます。そんな時は「そこ行ったことあるよ〜♪」といい気分に（笑）。

　最近では初めて行く店は彼女のお墨付きの店だけにして、あとは昔からずっとお気に入りのカフェやレストランへ足を運びます。訪問できるのは年に1〜2回なのに、店主が覚えてくれていて両手を広げて「おぉ〜♡」と歓迎されたりすると、パリに来てよかったーとうれしくなっちゃう。店を出る時は「アビアント〜（またね）」と伝えて、心の中で再会を約束。

　わたしの夢は『いつかパリで3ヵ月暮らすこと』。

　その時には時間がたっぷりあるから、ガイドブックや情報は何も持たず、気の向くままに街中を歩いて自分のお気に入りの店（ひみつのアドレス）をもっと増やしたい。だってパリで"常連さん"って、なんかかっこよくない？

スリを寄せつけない対策

シャルル・ド・ゴール空港に着くと、独特なあま〜い香りで（いい意味じゃない）あぁ、パリに着いたなとキュンとする。

と同時に、ここからスリの被害にあわぬよう気を引き締める必要があります。残念なことに、ここ数年スリは増えているんだって。旅の思い出がスリ被害なんて絶対いや！

わたしのスリ対策はこんな感じです。

基本の基本ですが、現金はあまり持ち歩かないようにしています。でも蚤の市で買い付けをする時は基本カードが使えません。そんな時は、財布にはスられても悔しくない程度の現金を入れて、大金はキャッシュベルトに。財布の出し入れはささっと。

> ＊蚤の市では€100を出すと、もろにいやな顔をされます。なるべく細かく両替して行きましょうね。これも蚤の市のマナーです。

パリに着いたばかりの時はお腹に巻いたキャッシュベルトがお札で分厚くなっておなかがポッコリだけど、日に日に薄くなって最後は空っぽに。日本に帰ると"あぁ、もうキャッシュベルトをしなくていいんだー"とほっとします。

あとね、メトロの中での立ち位置も重要。まずドア付近の椅子には絶対座らないこと。ドア付近でスマートフォンを出すのはもってのほかよ！もし疲れていて座りたかったら、できれば車両の真ん中の椅子に。"あっ、この子たちスリだな"という若い子たちがジロジロ見てきた時には"仕事"はさせないぞ！という姿勢をみせましょう。バッグは斜めがけしても安心しちゃだめ。バッグに手を入れられないようにバッグの口は常に手で押さえていましょう。チャックを気づかれないようにそーっと開けるなんて、彼らにはお茶の子さいさいです。相手はプロですからね。深さのある布製のトートバッグも手が入れ

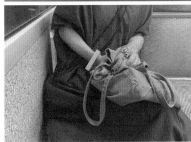

ギューっ。

にくく旅行者っぽくないからおすすめです。

　一度、メトロの中でマダムがわたしのコートのポケットを指差して「携帯が見え
てるから気をつけて」と声をかけてくれました。Merci（メルシ〜）。

　そうそう、観光地で署名を求められたら強い態度で「Non！」です。一番いい
のはスルー。

　あと、夜道は歩かないでおこうね。どうしても一杯飲みたくなっちゃったら宿泊
しているホテルのBarか、なければホテルの近辺で済ませましょう。

空港⇅パリ市内

　シャルル・ド・ゴール空港からパリ市内への移動手段、とその逆の手段。わたしは50歳を境に、多少高くついても安全で楽チンなタクシーを往復で使うことにしました。

　それまでの手段？往復ともタクシーを利用するのは贅沢と思っていたので、荷物が軽い到着時は空港バスを利用。帰国の時はさすがに荷物が重すぎてバス停までたどりつけないから、ホテルでタクシーを呼んでもらい利用していました。

　現在タクシー料金は、市内と空港間は均一料金が定められているので、渋滞に巻き込まれちゃってもヒヤヒヤすることはありません。あ！でも"闇タク"には気をつけて。パリに到着して空港の出口を出た途端に「タクシー？」「タクシー？」って声をかけられるけど、この人たちに絶対ついていっちゃだめ！ぼったくられます。タクシー乗り場はイラストで書いてあるからわかりやすいです。

　一番おすすめしない方法は（わたし的に）、パリと郊外を結ぶ高速鉄道RER B線の利用。料金的には一番安いし、所要時間も短い。けど、治安が悪いことで有名で

す。怖い事件も多発しているそう。

　空港バスは、タクシーより料金は安いけど、宿泊するホテルの場所にもよります。ホテルが空港バスの停留所付近なら、安くて便利でいいでしょう。だけどわたしの常宿はバス停からさらにメトロに乗り換え、路地裏をスーツケースをゴロゴロと引いて歩くような場所。やっぱりタクシーが安全で快適なのです。大人は『安全』にお金を使いましょう。

　でもタクシーは渋滞したりすると時間がよめません。帰国の時は余裕をもって手配しましょうね。わたしはホテルにタクシーの手配をお願いするのですが、飛行機の時間を実際の時刻より1時間ぐらい早く伝えることにしています。時間通りに迎えが来ないことも、パリあるあるだからね。

　もし空港に早く着きすぎてまだチェックインができなかったら、ぜひマクドナルドでパリ最後のお食事をお楽しみください（笑）。わたしは毎回マクドナルドに立ち寄ります。ちょっとでも境界線（チェックインカウンター）の手前にいたくって。

わたしのアパルトマンの選び方

　素敵なホテルやアパルトマンはどうやって見つけるのですか？とよーく聞かれます。以前著書で、「みなさんと同じです。ネットで『パリ、かわいいホテル、センスいいホテル』と入力して調べる」と書きました。

　最近は買い付け目的でパリに行くことが増えて、ちょっと条件が変わってきました。一度利用して諸々（立地も）便利だったアパルトマンを再度宿泊先に選びます。

　わたしにとっての便利とは。
・荷物が多いので、エレベーターはあるか
・部屋にビールを冷やすための冷蔵庫はあるか。　ふふっ
・メトロの駅から近いか
・買い付けた物を置くスペースはあるか、大きなスーツケースは広げられるか
・ホテルにタクシーを横付けできるか
・清潔さと安全性はもちろん

　これらの条件を満たしたアパルトマンを利用しています。
　でも、やっぱりお気に入りのホテルにも泊まりたいでしょ。そんな時は、大きなスーツケースはアパルトマンに置いたまま中抜けして、お気に入りのホテルに1〜2日泊まったりします。1泊でもお気に入りのホテルで買い付けを忘れてまったりと時間を過ごしたいの。

＊中抜けする場合は、必ずその旨をアパルトマンのオーナーさんに伝えておく必要があります。ショートトリップしてきます、と。

　いや～、でも年々パリのホテル（アパルトマンも）の料金が上がって困った問題です。だからといって値段から選ぶと旅行者にはおすすめできない危険と言われている地区だったり、メトロの駅から遠かったりしますから、場所選びは十分気をつけてください。<u>安全をお金で買うと思って。</u>

　わたしは言葉が達者ではないから、鍵の受け渡しなどに不安があるので民泊サービスの予約サイト（エアビー等）は利用したことがありません。24時間スタッフ常駐のシタディーヌ系列を以前から利用しています。あちらこちらにあるので予算と合う場所を選んで。

滞在先をわたしらしく居心地よく

　オーナーのセンスがいいホテルなら、それだけで居心地がいいでしょう。短期間の旅行ならいいけれど、買い付けとなると"かわいいホテル"より早朝から動きやすい場所にあるアパルトマンを宿泊先に選ぶことになる。

　わたしがよく買い付けの時の宿泊先として選ぶのがCitadines（シタディーヌ）。フロントがあるので、タクシーを呼んでもらったりなにかと助かる。フロントに常時人がいるのも安心。そして部屋は買い付けた物たちを積み上げておく広さもある。

　ただし、おしゃれなインテリアではないの。殺風景。そんな時はお花を飾りましょう！チェックインして部屋を見て、飾る場所を確認したら、わたしはその足で近くの花屋で花を買います。旅先でお花を選ぶのって暮らしている風ですっごく気分が上がるし、花束を持って歩くのだってかわいくない？滞在が長ければ、途中マルシェで花を買い替えたり。ね、想像しただけでも楽しくなるでしょ！

　花瓶？アパルトマンなら備え付けのグラスやマグカップが花瓶代わりになります。以前、パリで誕生日を迎えて小さなブーケをいただいたことがあるんだけど、その時はホテルに滞在していて…、でも全く問題なし。フロントでブーケを見せてジェスチャーで（笑）「花瓶あるかしら？」と尋ねたら、部屋に届けてくれました。

　お気に入りの香り（わたしは普段使っているリネンウォーターを小さいボトルに入れ替えて持っていきます）と小さな花を飾れば、1日歩き疲れた身体も情報過多になっている頭もきっと安らぐでしょう。部屋に帰ってくるのも楽しくなるはずです。

着替えはどうしてる？

『café Lotta』がまだあった頃の旅の日程は長くても5泊7日でした。子供たちが小さかった頃も。5泊ぐらいならわたしは服も下着も日数分持って行きます。だって、旅先の小さな洗面台で水が飛び散るのを気にしながら洗濯するのはなんかいやだし、ホテルの部屋に下着を干したくないからね。せっかく家事をしなくていい数日間なのに、現実に引き戻されちゃう。

友人の中には、捨てても惜しくないヨレヨレの（笑）下着を持って行って、帰りにホテルに捨ててくるというツワモノも。それも…ちょっとね。

店を閉めて買い付けの仕事が増え、滞在が10日〜2週間になってからは着替えの問題はどうしているか。

下着を14枚も持って行くのも…。仕方なく部屋のバスルームで洗濯をするようになりました。アパルトマンだと、地下などに宿泊者共有の洗濯機があることも。洗濯機の有無も宿泊先を選ぶ時のポイントにしていたけど、使うためにはまずランドリー用のアプリ

を入れないといけないし、その上表示が英語だからわたしは洗濯機を一度も使えたことがないの。

洗剤は小分けになったものを持って行きます。あと100円ショップのたためる物干しハンガーも持参します。このハンガーが意外に旅先で役立つのです。部屋にハンガーが2個しかなかったりするから。

もうひとつ、わたしの必殺技がね、小さなポリエチレン製の霧吹き（植木に水やりする用）。持って行った服をスーツケースから出すと、シワシワになってしまっていること、よくあるでしょ。バスタブに湯を張ってその湿気でシワをとる方法もあるけど、わたしは霧吹きに水を入れて気になるシワ部分にシュッシュッ。ハンガーにかけて置いておけば、部屋の乾燥で翌朝にはまるでアイロンをかけたように。おぉ！

この方法、実は家でもやっています。アイロンを出さなくていいから、ほんとおすすめよー。

パリ13区ってどんなところ？

パリ13区（セーヌ川左岸）ってどんなところ？

「今回宿泊先を13区にしたよ！」と言うとパリの友人たちから「なんで13区？」と言われました。あのあたりは、中華街だし近代的なビルが立ち並ぶし、第一"かおりさんらしくない地域"だよって。

たしかにおしゃれなお店もカフェもなかったわ。庶民的。それに観光地でもないからわざわざ行く地域ではないけれど、わたしのお気に入りのホテルはこの地域に集中しています。

以前は夜の食事（アペロ）に行く時、お目当ての店を目指してメトロに乗って出かけていたけど、今回は13区を歩いて店を探してみました。それほど期待はせずにね。

すると、いやいやー13区の夜も楽しいじゃないですかー！

地元のカフェやブラッスリーが集中している Butte aux cailles（ビュット・オ・カイユ）という丘があってね、ほぼ毎晩わたしはその魅惑の丘でハッピーアワーを楽しみました。

＊ブラッスリーとは、食事がメインではなくてお酒目的で行くお店、といったかんじでしょうか。

そして、徒歩圏内においしい人気のパティスリー『Carl Marletti』（5区）もあります。

ホテルを選ぶ時、それまでは周りに行きたいお店が点在している場所や交通の便がいい地域を選んできたけれど、こんな引き算もいいもんです。

わたしは次のパリもきっと13区を選ぶと思う。もうちょっと街を歩いてみたいから。それくらいパリ13区が気にいっちゃったのです。

わたしのフランス語

　20数回、いや30回近く渡仏していると言うと「じゃあ、かおりさんフランス語が話せるんですねー」とよく言われる。どきっ。

　40代後半、パリに頻繁に通いはじめた頃、こんなにしょっちゅうパリに行くのなら本格的にフランス語を覚えよう！と8〜10人のグループレッスンを受けたことがありましたが、先生から指されるのがいやで、すぐやめちゃいました。

　そして50歳になった時、グループレッスンがダメなら個人レッスンだー！と再チャレンジ。たしか先生の名はミッシェル。最初は調子が良かったの。でも「次のレッスンまでに1000まで数えられるようにしてきて」とミッシェルから宿題が出されて…。「ミッシェル、わたしパリで買い物はせいぜい€100までしかしないから1000は必要ないです」と言ったら「Non！」と首を振られて。鬼っ！と思って（言ってないですよ）そのままフェードアウト…。

わたし的 これだけは言えるといいね リスト

□ ありがとう
□ 1〜10の数
□ こんにちは
□ こんばんは
□ さようなら
□ はい
□ いいえ
□ 元気です
□ なんぼするの
□ これください
□ 触っていいですか
□ 試着できますか
□ すみません（ぶつかってしまったとき）
□ わかりました
□ かわいい
□ きれい
□ 生ビールをください
□ 白ワインをください
□ クロワッサンを1個ください
□ ありゃりゃ〜

Oh la la~

これでどうにかこうにかコミュニケーションをとっています。あと身振り手振り
で。よほどのトラブルがないかぎり大丈夫よ…たぶん。言葉がでなくても笑顔で接し
ましょう。

日程にぜひ週末をいれてね

「おすすめの蚤の市はどこですか？」
「お皿はどこの蚤の市で買えるの？」
と聞かれたら、わたしは迷わず「ヴァ
ンヴの蚤の市！」(14区)と答えます。
プロの友人たちからは「えーっ！ヴァ
ンヴは高いよー」「郊外の蚤の市の方
が安いのに」って言われるけど、旅行
者なら（わたしも）十分楽しめます。
　ヴァンヴの蚤の市の開催は土曜日と
日曜日。せっかくなら土曜日の一番
に買い物したい（と思いません？）。
なので早朝品物を並べている時から

じーっと品定め。「触っていいです
か？」と確認してから手に取らせてい
ただきます。
　この時、もし気にいったら「一周し
てひと通り見てから決めよう」「あと
で戻りまーす」は危険キケン！戻った
ら「あれ？ない…」というくやしい経
験をわたしは何度もしました。素敵！
と思った物はみんなも素敵と思うぐら
いに思って。なんなら買わなくて後悔
するより、買って後悔した方がマシか
も（笑）。

　もし日曜日に行った場合、お買い物が少なかったら（荷物が軽かったら）、ヴァンヴの蚤の市からラスパイユのBIOマルシェへのはしごもおすすめです。

　パリの北側に位置するクリニャンクールの蚤の市はかなり治安が悪いと言われているので何年も行かずにいましたが、おととし息子をボディガードにして久しぶりに緊張しながら行ってみたら、いいお店（わたしが言ういいお店とは、お皿がたくさん並んでいるお店）が増えていました。これは本当は内緒にしたい情報。

　ただクリニャンクールの蚤の市は市内のはずれ（18区）にあるから、メトロの中から細心の注意が必要です。蚤の市に行く人は現金を持ち歩いていることをスリ集団は知っているから。バスの路線を調べてバスで行くのも一つの手です。もし両手がふさがるほど買い物をたくさんしたら、帰りはタクシーでホテルに直行してください。

　そんな思いをして持ち帰った戦利品たちは、それはそれはかわいいものです。

パリ市内での移動手段

パリに行きはじめた頃の日程は4泊6日の強行パリ旅。最長でも5泊7日。わたしの行きたい店リストはパンパンで、時間との戦い。なのでタクシーばかり使っていました。

あとはメトロも回数券（10枚綴り）を購入して活用していました。メトロって初めて行く場所だとドキドキしちゃうと思うけど、パリのメトロはきっと東京の地下鉄より路線図が単純でわかりやすいと思います。チケットの料金はパリに行くたびにジリジリと値上がりしています。日本のように時刻表はないけれど、本数が多いからそれもメトロのいい所。路線図をダウンロードしておくことをおすすめします。わたし、いまだに逆方向に乗ってやっちゃったーってなるけどね。パリの移動手段として最も便利なのはメトロだけど、スリにだけは気をつけてね。

わたしは店を閉めてから、やーっと

10日〜2週間滞在できるようになりました。そこでつくったのがチャージ式のICカードNavigo Easy（ナヴィゴ・イージー）。ナヴィゴ・イージーは交通系ICカードですが、一定額をチャージするものではありません。紙の切符の代わりに発券機で1回券や10回券をチャージします。

これは旅行者にはとても便利だから、是非つくってチロリ〜ン♪と改札を通過してみてください（その際にチロリ〜ン♪と鳴るところの表示窓に残りの回数が出ます）。

そして、メトロに慣れたらバス移動もぜひチャレンジしてほしいな（ナヴィゴ・イージーが使えます）。外の景色が見えるから、わたしはバスで行けるところはバスを利用しています。余談だけど、一度ね、運転席の囲いの中にドライバーの小さな子供たちがふたり立っていてびっくりしたことがあります。

メトロやバスで目的地と逆方向に乗っちゃったら？

メトロなら逆方向に乗り換えてスタート地点に戻ればいい。メトロはあわてて乗り込むといろんな意味で危険です。急いでいる時に限って逆方向の電車に乗っちゃって、泣きたくなります。もし逆方向のバスに乗っちゃったのなら、いっそのこと降りて歩いちゃうのはどうかしら？きっとこんなことがなかったら見つけられなかった小径やアーケード、小さな美術館や、ガイドブックには載っていない素敵なカフェやおいしそうなお店に出会えるでしょう。

そう思ったら乗り間違えも悪くないのです。わたしも乗り間違えのおかげで秘密の場所をいくつか見つけました。だってパリの面積は、東京23区の約6分の1なんですって。ね、歩ける気がするでしょ？美しいパリの街を歩けてラッキー！そう思って、ぜひ乗り間違えをチャンスに。

ただこれは荷物が少ない時の話。両手がふさがるほどの大荷物だったら歩くのは大変だし、とっても危険。そんな時は迷わずタクシーを利用しましょう。

バトー・ムッシュ

BATEAUX MOUCHES のすすめ

「バトー・ムッシュのすすめ」…って
おすすめしたけど、実はわたしもまだ
1回しか乗船したことがありません。
その理由は、バトー・ムッシュ（セー
ヌ川クルーズ）は観光客が乗るもので、
わたしのように何十回も渡仏している
人がわざわざ乗るものではないと勝手
に思い込んでいたからです。

　ですが、この本を書くにあたり、パ
リと日本を行き来している友人におす
すめの『場所』を聞いたところ、「か
おりさん、バトー・ムッシュに乗った
ことある？なければ絶対乗るべき！」
と強くおすすめされたのです。まさか
おすすめがバトー・ムッシュとは。調
べてみると、乗船時間は1時間10分
と長い割に意外にお手頃（2023年7月
時点、大人ひとり€15）で、セーヌ川を
ゆったり遊覧。初乗船してみた感想は
『なんで今まで乗らなかったんだろ〜』
です。

　下から見上げる鉄の貴婦人・エッ
フェル塔、広がる青い空と雲の芸術、
水上から眺めるパリの歴史は、それ
はそれは美しくロマンチックで感動。
エッフェル塔、ノートルダム大聖堂、
パリ市庁舎など、それぞれを見たこと
はあったけど、セーヌ川から眺める姿

はドーンと壮大でまた違って見えまし
た。季節によっても、時間によっても、
隣に座る人によっても（愛しい人なら
なおよし）、違うパリの顔を見られる
ことでしょう。

＊チケットはネットでも購入でき
ますが、わたしは当日窓口で購入
しました。

　いつかおしゃれしてディナークルー
ズにも乗ってみたくなりました。フレ
ンチをいただきながら、ガラス張りの
船内からライトアップされたパリの街
並みとエッフェル塔のシャンパンフ
ラッシュが堪能できるなんて、忘れら
れない一生の思い出となること間違い
ありません。とりあえず次回は、ラン
チクルーズに乗ってみよっかな。

壁のいたずら書き

　パリの街をてくてく歩いていると、壁に描かれた落書き（グラフィティ）をよく見かけます。これが単なる落書きではなくて、立ち止まって『ほほぅ〜』と見入っちゃうほどの芸術作品レベルで、街中の壁がまるでキャンバス。

　落書きと芸術作品って見る側のとらえ方によるから、線引きがむずかしいけどね。中には『あんな高いところにいつ、誰が、どうやって描いたんだろうか』という大作もあって。よく見かけるのはモザイクで描かれたインベーダーゲームのキャラクター。これは聞いたところ、街をアートで侵略するインベーダーよ！という意味なんだそう。なるほど〜。

　壁に描かれた落書きを探しながらパリの街を歩くのも楽しいです。壁の上の方見たり、下の方見たりね。下の方にアリンコの行列がずーっと続いていたり、ネズミの行列が描かれていたり。メトロの駅ではバレリーナや音楽隊も見つけました。

　そうそう、わたしの好きなパリ13区は特に落書きが多い気がするの。なんでかな？調べてみよっと。

ここは amour（アムール）の国♡♡♡

パリに通いはじめた頃、あちらこちらで遭遇する本物のキスシーンに「きゃっ♡」と目を伏せました。今ではチラチラと「コソ見」ができるほどに慣れましたけどね。

カフェでもメトロの中でも歩きながらでも、Kiss、Kiss、Kiss。バスの中でも、赤ちゃんが寝ているベビーカーの横でパパとママがおしゃべりしているかと思ったら、突然ぎゅーっとしてキス！目が合えばキス。あれは、日本人で例えるならなんなのでしょう。

でもね、不思議なんだけど、それがまったくいやらしくはないのです。なんならとても美しいのです。

カフェのテラス席では、老夫婦が語り合うことなくただ手を握り合っている。とてもしあわせなシーン。

街では、大きなブーケをまったく躊躇せず抱えて颯爽と歩くムッシュをよく見かけます。もう、なんてかっこいいの！奥様へのプレゼントなのかしら？どんな女性がどんなシーンで渡されるのかしら？と想像しちゃいます。週末のマルシェでも、楽しそうに花を選ぶムッシュの姿を多く見かけます。『家族から頼まれたのかな？』と勝手に思ったりね。

日本の男性は照れ屋さんだから、花屋で店員さんに用途と予算を伝えて「お任せします！」がほとんどなんじゃないかしら？男性からブーケをいただくことに慣れていない日本人からすると羨ましい限りですわ（いや、いただいている女性もいらっしゃいますね。わたくしごとです）。

キスもそう。

ブーケもそう。

もちろん言葉でも。

愛と感謝を伝えるのが上手な国、まさにアムールの国ですね♡

コミュニケーションをとってみよう

フランス人は、とーっても優しいです。

20代で初めてパリに行った時、重いスーツケースを運んでいたら何人もの人が自然に声をかけてくれました。

メトロの駅の階段で、ベビーカーを押しているママに声をかけて一緒にベビーカーを運んであげている男性の姿もよく目にします。メトロのほとんどの駅にエレベーターが設置されていないから、ママたちはとても助かると思う。

何より「手伝うよ」の声がけがとてもナチュラルで、手を貸したらサッと去っていくなんて、なんて紳士的なの。「メルシ〜」とお礼を伝えると振り返りざまにパチッとウインクを返される。男性からのウインクなんて慣れてないからドキッとしちゃう♡

お互いが良い気分でコミュニケーションをとるために大切なのは、まずは挨拶です。たとえウィンドウショッピングだとしても、店に黙って入るなんてだめよ！恥ずかしがらず「ボン

ジュール（こんにちは）」って言いましょう。何も買わなくても店を出る時にきっ
と「メルシー」または「ボンジョルネ〜（いい1日を）」と言ってくれますよ。

　わたし、昔ホテルのフロントの男性に笑顔で「ボンジュール」と言おうとして、
なぜか口からイタリア語の「ボンジョルノ〜」が出ちゃってふたりで大爆笑。間違っ
てもよし！挨拶しない方が恥ずかしいのです。

　パリの友人やパリを一緒に旅した友人たちから「かおりさんってコミュニケー
ション能力が高いよね〜」とよく言われるけど、自分でもそう思うわ。フランス語
は挨拶ができる程度だけど、身振り手振りでどうにか言いたいことや気持ちを伝え
られるし、レストランやカフェでメニューが読めなくて困ったら、翻訳アプリを使っ
て訳すのもいいけど、わたしは「あそこのテーブルの方が食べているのはメニュー
のどれ？」と聞いちゃう。なんならお隣さんが召し上がっているものがおいしそう
だったら、メニューを見せて「それはどれ？」って聞いちゃう。それも表情でね。

　そう、フランス語が話せない旅行者というのも結構かわいがってもらえるもんで
す（持論）。そりゃ会話が弾んだ方が楽しいだろうなーと思う場面もたくさんある
けどね。

フランス人が楽しむ
アペロって

　滞在中に、パリの友人から「今夜アペロしない？」とよく誘ってもらうんだけど、このアペロとは、お酒飲んでちょこっとなにかつまんでおしゃべりしない？という意味みたい。アペリティフ（食前酒）の略で、ディナーの時間が遅い（20時とか21時からスタートなんですって！）フランス人が、ディナーまでの時間を食前酒と軽いおつまみでゆったり楽しむひとときのことを意味するそうです。

　カフェなどのアペロタイムでは、アルコールを注文するとオリーブだったりナッツだったりポテトチップスなどが一緒に出てきたりします（日本でいうお通しかしら？）。小腹が空いていたらフリットやラディッシュやチーズを追加注文。アペロに慣れていないわたしは、食前酒ということをすっかり忘れて、この時間からしっかり飲んじゃって気分良くなっちゃうこともしばしば。おなかもタポタポ。

　夕方のカフェは、友人たちとアペロを楽しむ人たちで大にぎわい。人気のテラス席は出遅れると満席です。わたしはフランス人のアペロタイムを楽しむ様子を見ながらアペロするのが好き。人生を楽しむのがとても上手で、その大切さを教わります。

　そして帰国するとしばらくフランスかぶれが続いて、友人たちを「ねぇ、今夜軽くアペロしなーい？」と誘うわたしなのであった。

　＊ドリンクをおかわりしたくても店員さんを「すみませーん！」と呼んじゃだめよ。とてもいやな顔をされます。担当するテーブルは決まっているから、タイミングをみてまわってきてくれるはず。ここはフランス式でゆーったり待ちましょうね。

パリでもビール派よ

　わたしが初めてパリに行ったのは、まだ20代前半でした。ツアーでちらっと寄っただけだったから記憶もあまりないの。覚えているのは通貨がフランだったことぐらい。

　頻繁に行きはじめて19年ぐらいになりますが、最初の頃はワインの国で「ビールおねがいします」は恰好悪いと思っていて、ワインを注文していました。ワインの飲み方を知らないわたしはビールのように飲んで二日酔いになる始末。この時はまだ店があったり子供がいたりで4泊6日の日程だったのに、二日酔いで1日台無し。

　滞在が徐々に長くなるとアパルトマンに宿泊するように。チェックインしたらそのまま近くのスーパーマーケットに行って、水とビールを買い込みます。あと、翌朝のヨーグルトとバターと部屋に飾る花も。

　そんなわたしも最近では堂々と「ビール！」と言えるようになりました。というか、フランス人もビール好きじゃん！と気

づいたのです。夏はハッピーアワーという看板もあちらこちらのカフェで見かけます。『ハッピーアワー！ビール€7』って看板を見つけると飛びついていたけど、冷静に考えると千円超え〜。

　テーブルで「ユヌ・ビエール・シルヴプレ〜」って注文すればビールは運ばれてきます。ですが、パリ在住の友人から「かおりさん、それだと生ビールは出てこないよ！」って。生ビールは「ユヌ・プレッション・シルヴプレ〜」って言うんだって。もしそれすら恥ずかしくて言えなかったら、カウンターでビールサーバーを指差してコレコレと伝えよう。

　問題はグラスの大きさを聞かれた時…。それはビールを飲んでいるお客さんを見つけて、「あのサイズ」と伝えるのがわたしがよくやる方法です。つまりビールの注文はすべてジェスチャーで伝わるのです。フランス語が苦手だったらぜひ笑顔でやってみてね。

　最後に。パリでキンキンに冷えたビールはまず出てこないと思って。出てきたらラッキーです。あと、あのおいしい泡もほぼないです（笑）。

スーパーで驚いたこと

　スーパーでとっても驚いたことがありました。それはね、お会計前なのにお菓子の袋をビリビリ〜って破って堂々と食べはじめたんです。ベビーカーに乗っている子供に食べさせていることも。

　ある時は高級スーパーで、手を出すのも気が引けるぐらい美しく木箱に並べられているぶどうの房から、慣れた手つきで粒をいくつかもいで口の中へ。え、えーっ、堂々と試食ですかぁ？そのスーパーは、購入する野菜やフルーツを必要な量だけ袋に入れて自分で秤（はかり）にかけて、出てきた値札シールをその袋にペタッと貼ってレジに並ぶシステム（♡の写真参照）。食べていたのはその袋のではなくて並べられているもの。

　そして、もーっと驚いたのが持参のエコバッグを買い物カゴのように使っていたこと。商品をどんどん袋に入れちゃっているのを見てしまったのだ。小さなハンドバッグにチョコレート菓子を入れているのに出くわした時には、さすがにその人から目が離せず（家政婦は見た、的に）レジに並ぶのを見届けちゃった。もちろんレジで自分の順番がきたらバッグから出して精算をしていましたよ。

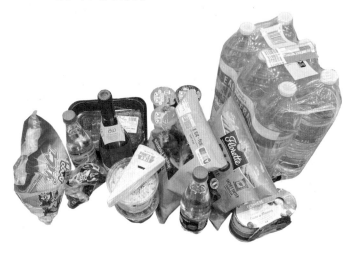

買ったばかりであろうバゲットをメトロの中でムシャムシャ食べはじめちゃったり、りんごをズボンやTシャツでキュキュっとこすって拭いて、歩きながらガブリとかじっちゃったり、「食べ歩きはお行儀がわるい。家に着くまでがまんしなさい」という教育を受けてきた日本人には驚くことばかりね。

かっこいいなー♡と思うけど、旅行者のわたしにはまだできません。こういう『え、えっ！』と驚くような文化の違いも旅で楽しめたらいいね。

♡

ペチャンコのもも2個で€0.74。安っ

テーマを決めて食べくらべ

　パリに行くたび、自由研究的なもの（自由研究という名の食いしん坊の食べくらべ）をやっているのですが、これがなかなか楽しいのです。

今までに食べくらべしたもの（一例）

・タルト オ シトロン
これはけっこう昔。今はちょっと胃袋がきびしいかな。

・ショコラ ショー
この食べくらべ（飲みくらべ？）を自由研究の課題にしてみようと思ったきっかけは、店によって全然ちがうから。「これココアじゃん」って店も。ただしこの飲みくらべは冬季限定ね！

・ヨーグルト
日本のように1個売りがめったにないから（最低でも2個セット）、何種類もの食べくらべはなかなかできない。あとホテルの部屋に冷蔵庫があるか、または朝食なしのホテルやプランでないと食べきるのが難しいという問題あり。ちなみにね、今のわたしのおすすめは「siggi's」

・バゲット
ひとり旅では何本も消費できないという問題あり。

・タルト オ ポム
一生分のアップルパイを食べたかも。研究熱心だったからか、アップルパイはまだ欲さない。

・パン オ ショコラ
渡仏のたびに食べくらべしています。研究は続く。

・クロワッサン
渡仏のたびにわたしの中の1位が更新されます。

　と、こんな感じ。「かおりさんおすすめのクロワッサンは？」
と聞かれることも多く、この研究が意外と役立つのです。だっ
て、「そうねぇ～、…」ってさらっと答えられたらパリ通みた
いでかっこいいじゃない。
　あなたが大賞をあげたいお店はどちらですか？

大賞のお店をここに書いてね
・
・
・

（わたしにこっそり教えて）

われら食いしん坊さんの要注意日

　旅の計画を立てる時、行きたい美術館や買い物をしたい店の休館日や定休日と、それぞれの営業時間は前もってきっちりとチェックしていきます。ちょくちょく行ける場所ではないから、「あー、行き忘れた」「げっ！定休日だー」は絶対いやだからね。パリはおいしい店や素敵な場所が日曜・月曜休みであることが多いのです。日曜日と月曜日は食いしん坊には要注意日！

　つまり、ですね。帰国便の日程が月曜日だと、"新鮮なおいしいもの"を買いそびれる恐れがあるのです。バターとか焼きたてのパンとかクッキーとか。なので食いしん坊のわたしは、帰国便を火曜日〜木曜日で選ぶことにしています（週末は避けます。飛行機代が高い！）。

　「パリで散々甘いものを食べているのに、持ち帰ってまでまだ甘いものを食べたい？」って言われるけど、余韻に浸りたいのです。パリを持ち帰りたいのよっ。わかるでしょ？食いしん坊部の部員なら。

　あれだけ朝はクロワッサンを、そしてカフェに寄るたびに甘いものを食べていても、意外に体重は増えていないものです。帰国後、恐る恐るそーっとヘルスメーターに乗るけど、毎回「あれ？ふふっ」と思います。そりゃ、1日に20,000歩以上歩いていればね。

　パリで「今日はちょっと甘いものを食べすぎたかな？」と感じたら歩けばいい。わたしはパリでは、いつも心の中で『甘いもの食べたら歩けばいいのさ』と繰り返しています。

065

公園にヘルスメーター !?

バターを真空パックにするサービス（€1）の案内

　フランスは乳製品天国！わたしは牛乳は苦手だけど、その他の乳製品は大・大・大好きです。

　スーパーマーケットに行くと、ヨーグルト、チーズ、バターの棚の幅のきかせ方にまず驚くでしょう。種類が豊富で陳列棚の端から端までだーーーっと並んでいるのです。

　そして、うしろを振り返るとまたまた乳製品の棚。隅から隅までじっくり見て「citron」（シトロン＝レモン）「framboise」（フランボワーズ＝ラズベリー）「vanille」（バニラ）…など、知っているフランス語を見つけて選んでいるとあっという間に時間が過ぎて、「きゃあー！もうこんな時間だ」となるのは毎回のこと。

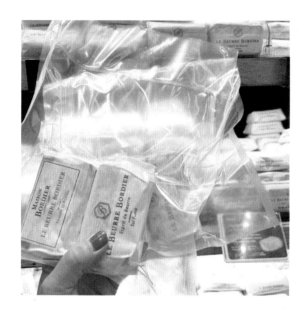

　では、選び抜いたバターをどうやって無事に日本に持って帰りましょうか？

　わたしはこんなアイテムを日本から持参します。

・ジップロックの袋（大・小サイズ）

・ジップロックのコンテナ（大サイズ）

・ラップ（小サイズ）

・保冷剤（冬なら保冷剤は不要）

・ジップロックのコンテナが入る保冷バッグ

　宿泊先がアパルトマンなら保冷剤は帰国日まで冷凍庫で凍らせて、バターは冷蔵庫で保存。スーツケースの中で万が一バターが溶けてしまった時用に、1個ずつラップで包みジップロックのコンテナに入れ、保冷剤と共に保冷バッグに。それを預け入れのスーツケースに入れます。

　宿泊先がホテルの場合、ちょっとした作戦が必要。まずバターは帰国日の前日、夜便なら帰国日にバターを買いに行きましょう。購入したバターは１個ずつラップに包んでジップロックのコンテナに入れる。

　保冷剤は帰国日前夜に「冷凍しておいてほしい」とフロントでお願いする。バターが入っている保冷バッグは「バターが入っています。チェックアウトの時間まで冷

蔵庫に入れておいてください」と伝えてね。断られたことはいまのところないです。翻訳アプリを使えば問題なく伝わるでしょう。笑顔とお礼の一言は必ず添えてね！

＊チェックアウトの時、ピックアップをくれぐれも忘れないでー（わたし一度やらかしました。涙）。

以下プチ情報。

●Beurre（バター）の分類

Beurre non fermenté（ブール ノン フェルマンテ）…無発酵バター

Beurre fermenté（ブール フェルマンテ）…発酵バター

Beurre cru（ブール クリュ）…生バター

Beurre doux（ブール ドゥー）…無塩バター

Beurre demi-sel（ブール ドゥミ・セル）…有塩バター（0.5~3%の塩分）

Beurre salé（ブール サレ）…有塩バター（3%以上の塩分）

●わたしの好きなバターブランド

① ボルディエ

① ベイユヴェール

  （どちらも大変おいしくて、１位が選べなーい）

② セル・ドゥ・メール…岩塩がジャリジャリで家族には一番好評

  帰国後、バターは冷凍保存が可能です。ただし風味はどんどん損なわれていくから、どうぞケチらずおいしいうちに、フランスパンにドーンとのせていただきましょう。パリを感じながら♡

クロワッサンを持ち帰ろう！

クロワッサンを持ち帰ろう＝パリの香りを持ち帰ろう！

おいしいクロワッサンは日本でも買えるけど、そういうことではなくてね。パリに行かれたことのある方はわかってくれると思うけど、帰国した翌朝、もう『PARIS』が懐かしくなって『パリ病』を発病。パリが食べたくなるのです。

帰国前に焼きたてのクロワッサンを買いに行って、潰れないように大切に大切に持ち帰っても、たいがい『あ〜ぁ』という状態になっちゃうけど。たとえペチャンコに潰れちゃったとしてもパリのクロワッサンです。丁寧にリベイクすると、パリで過ごした時間（思い出）がバターの香りとともにふわ〜っとよみがえって、特別なクロワッサンになるのです。

それに一緒に持ち帰ったはちみつやコンフィチュールを添えたら、しあわせできっと涙が溢れてきますよ。

クロワッサン（＝パリ）の持ち帰り、ぜひやってみてね。

●わたし流クロワッサンの持ち帰り方

紙袋のままだと油がにじんでくるので、ひとつずつそっとキッチンペーパーに包んでタッパーに入れて持ち帰ります。欲張らず、一度に食べられる量をね（ここがポイント！）。

三日月の形を守りたかったら手荷物が望ましいです。空港で残った硬貨を使って購入するのもありですね。この場合も油がにじみ出ることを考慮して、ジップロックの袋を1枚手荷物に入れておくと何かと便利です。手荷物にしてキケンなのは、がまんできなくなって機内で食べちゃうこと。

クッキー（焼き菓子）を原型のまま持ち帰る方法

　わたしも、家族も、友人たちも大好きなパリで人気のブーランジェリー『Poilâne（ポワラーヌ）』の花の形のサブレ「punitions（ピュニション）」を、割らずに日本に持ち帰るのは至難の技。購入してウキウキと1日持ち歩いただけで何枚か割れているのです。まっ、割れてもおいしさに変わりはないからいいけどね。でもお土産にするなら、なるべくかわいい形のまま渡したい。

　タブレット（板チョコ）も意外にスーツケースの中でグニャっとなってしまいます。マドレーヌも日本のように箱にきちっとお行儀よく並んで入っていることは稀。わたしは靴を購入した時の箱を捨てずに取っておいて、潰してスーツケースに入れて持って行きます。靴箱がタブレットにはジャストサイズなの！その箱にポワラーヌのピュニションも一緒に入れられたら、そのままスーツケースに入れるより花の形は守れます。でも一番いい方法は、ジップロックに入れて手荷物のバッグの一番上にのせて運ぶことです。

　アップルパイやクロワッサンも、帰国日に買いに行ってぜひパリの空気と一緒に持ち帰りましょう。もし機内食がムムムだった時はおいしいクロワッサンで鼻歌が出ちゃうでしょう♪マカロンをお土産にしたい場合は、空港で購入するのが一番です。

　と、こんな感じで食いしん坊はあれこれ駆使して旅の甘い思い出とともにおいしいものを持ち帰るのです。

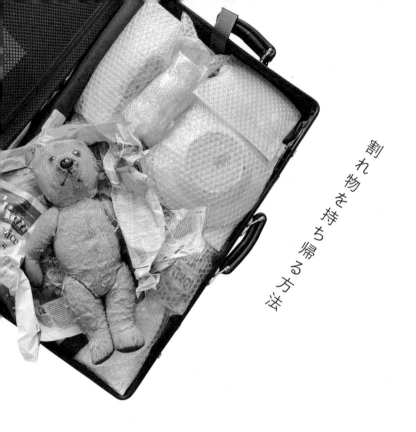

割れ物を持ち帰る方法

　テーマが『パリ』の講演会を開催すると、必ず聞かれるのが割れ物（アンティーク）を無事に日本に持ち帰る方法。以下、わたし流だけど参考になれば。

日本から持っていく物
・緩衝材（いわゆるプチプチ）
これはパリでも購入はできますが、日本のものが厚みがあって安心。それに旅の途中にプチプチを買いに行く時間がもったいない。
・ガムテープ（わたしは帰国後はがしやすい養生テープを使用）
・小さなハサミ（必ず預け入れの荷物に入れてね。つい機内持ち込みの荷物に入れがち）
・段ボール箱（100円ショップで靴箱サイズ位とそれより一回り大きめの箱を購入して持参。何度も使いまわしています。靴箱も代用できます）

包み方・運び方

例）蚤の市で購入した皿の場合

① プチプチで一枚ずつ包む。

② ①で包んだ皿数枚を、持ってきた箱にぎゅうぎゅうに詰める（ぎゅうぎゅうがポイント！動かないようにすることがコツ）。

③ ②の箱をスーツケースに。服などに包めばなお安全。なるべく衝撃を受けない場所（上部）に入れる。

　このあたりで一度スーツケースの重量をはかってみるといいです。きっと、**ひぃぃ！**となるでしょう。

④ 空港に向かう時、タクシーの運ちゃんにスーツケースの積み込みを任せない。

> ＊バン！と投げ込まれてパリンと割れちゃった悲しいことが一度あったの。それ以来「自分でやります！」ときっぱり言います。

⑤ 空港でスーツケースを預ける際も、割れ物が入っていることを必ず伝えてください。FRAGILEのタグを付けてくれます（たぶん）。

⑥ 最後に大切なこと。無事を祈ってください…。

> ＊絶対割りたくない物は手荷物にしましょう。時を経て日本にやってくるんだもん。ひとつひとつの歴史を紡ぐ責任があるからね。

　わたしはプロのバイヤーではないので、パリから荷物を送ったことはありません。すべて持ち帰り。「持って帰れるだけ」が買い物のブレーキになっています。

捨てられないもの

　ちょっとチョコレートがついちゃってるケーキの箱、バゲットが入っていた長細い紙袋、クロワッサンの油がしみしみの袋、しゃれてる店の紙袋、立ち寄った店のショップカードとレシート。使用済みのメトロのチケット（残念なことに今は廃止）まで、大切に大切に持ち帰っている。そうそう、それにかさばるエシレバターのポプラの木のバスケットまで。

　帰国日の前夜に、部屋の冷蔵庫に残っているワインを飲みながら何時間もかかってパッキングして、最後に重量をはかって『ガーン！』となって。この大切にとっておいた大量の紙ものたち、ど、どうしようって毎回なる。でもパリには置いて帰れない。だって全部パリの旅の大切な思い出だもん。わかるでしょ？あなたも紙好きならね。

　わたしのパリ"紙ものコレクション"見たい？ゴミっちゃあ、ゴミだけどね。

いくつになっても
ちっこいものが好き

見ての通り犬ものに弱い

otta

いくつになっても、何十回パリに行っても、蚤の市でちっこいものを連れて帰っちゃう。

陶器のちっこい犬の置物とか見つけると、犬好きの友人の顔が浮かんでお土産に買う。もちろん自分の分もね。あとはfève（フェーヴ）とか、飾るだけだからもういらんのに、蚤の市で手が真っ黒になるまでかわいいのをじっくり選んじゃう。

そうそう、アンティークの陶器のdînette（おままごと道具）も出会っちゃったらスルーはできないし、箱にガチャガチャと乱雑に入っている古いキーホルダーも、その中からかわいいのを見つけるのは大得意。飛びだす仕掛けのある古いポストカードなど、紙ものにもとっても弱い。

最近の旅は買い付け目的だから、重量問題で余計なものは買ってはいけないけど、ちっこいものは『これくらいなら荷物にならないよね』って自制がきかないの。

古くてちっこいものは罪ね。いくつになっても弱いのです。ふ——っ。

＊ちっこいもの好きなら、蚤の市にはウエットティッシュを持参してね。

パリからのお土産

お土産って悩みますよね。

わたしは買い漏れがなるべくないように、メモに「お土産あげる人リスト」を書いておきます。そしてせっかくの旅なので、頭の中に『お土産買わなくっちゃ』がずっとあるのがいやだから、なるべく旅程の最初の方でパッパと買うようにしています（もちろんバターやパンはなるべく帰国日か帰国日前日に）。

以前は、最終日に『ル・ボン・マルシェ』（パリ7区にある百貨店。世界最初の百貨店と言われています）の食品館を時間の許す限りぐるぐる歩きまわって、お土産をまとめて買って、レジでその金額にびっくり！そしてずっしりとした重さに、荷物の重量制限があるのにどうすりゃいいんだ…と焦る。

もうこれはやめました。「お土産あげる人リスト」は徐々に減らしています。

帰国後すぐに会える友人にはバターや『ポワラーヌ』のクッキー、『メール』のゴーフルなどを。料理好きの友人には、アンティークのモノグラムの刺繍が施されたトーションやバターナイフなどを。

帰国後すぐに会えない友人には、わたしも大好きな『ベルナシオン』のタブレット（もちろん自分用にも）を。

かさ張らない紙のお香（パピエダルメニイ）や日本で購入できない茶葉もいくつか買っておくと、『お土産を買い忘れたー』という時に渡せていいです。家族へのお土産は後回しになっちゃって、これまた悩みもの…。最後まで決められず空港でちゃちゃっと買っちゃったり。

逆にお土産に選ばなくなったものは、コンフィチュール（重い）、はちみつ（重い）、エッフェル塔が型押しされた石鹸（重い）そして、マカロン（日本でも購入できる）かな。

パリ在住の友人たちともよく話題にするパリからのお土産問題。みなさんはどんなものをお土産に選んでいるのかしらー？

日本からパリへの手土産は？

　パリに行きはじめた頃。まだパリには知り合いがいなかったけど、何かあった時用に小さな日本のお菓子をひとつ荷物に入れていました。宿泊したホテル（わたしの場合はプチホテル）のスタッフがとても感じがよかったり、タクシーを呼んでもらったり、お世話になったらチェックアウトの時に「merci♡」って感謝の言葉と一緒にそっと渡しました。

　今ではパリに行ったら会う友人がたくさん。友人の喜ぶ顔が見たくて、今までは手土産を色々悩んで選んでいたけれど、もう聞いちゃうことにしました。逆だったらどうかな？と考えたのです。パリに住む友人が日本に一時帰国する時、「パリであれ買ってきてほしいなー」というのがわたしにはあるから。もちろんサプライズは一番うれしいですよ！

「手土産は何がいい？」って聞いてみたら、思いつきもしなかった意外なものにクスってなったこともあります。たとえばね。

・花がつおの大袋（パリ在住の関西人）
・マヨネーズの大きいサイズ
・日本の化粧品メーカーのマスカラの新色
・プチプラの化粧品

などなど。日常品。「え、そんなのでいいの？」って言っちゃった。
　センスが問われると思って、手土産選びにデパ地下を何時間もうろちょろしていたけど、もし「何がいい？」と聞ける間柄なら聞いてみるのもいいと思います。多少重くても、ちょっとぐらい大きくても、行きは荷物が少なくてスーツケースにもスペースがあるからね。

Aller à Paris Avec Madame Lotta
Chapitre 2

おいしいものはがまんできない。だってパリだもん

とにかくなんだか楽しそう！

　カフェで人間観察するのが好きです。テラス席、窓際の席なら道ゆく人を観察。店内の席ならスタッフ同士のリズミカルなやりとり、スタッフと常連さんとのやりとりを観察するのが楽しい。まるで舞台を観ているようで、いつの間にかわたしもそのキャストのひとりになっているの（ずうずうしい）。

　「ボンジュール」（こんにちは）「サヴァ」（調子はどう？元気？）。このような言葉でお客様をお迎えする習慣のない私たち。「元気？」という挨拶は本当に素敵なことだな〜と思います。スタッフ同士もすれ違う時に言葉をかけて笑い合ったり、おどけて笑いをとってみたりと、なんか楽しそうに仕事をしているのです。とにかくなんだか楽しそうなの。ふざけているのではありませんよ！フランス人は時間を楽しむ達人なんだと思います。

　パリに行くたびにそんな姿を見ていたら自分のカフェでも真似したくなって、『café Lotta』があった時は、お客様をお迎えする言葉は「こんにちは！」にしました。最後は「すてきな一日を」と声をかけてお見送りしました。

　さすがにハグやビズ（頬と頬をくっつけながら「チュッ」と口で鳴らすキス）は高度で真似できなかったけどね。

　おまけ。
　カフェでのちょっとしたマナーをいくつか。
・オーダーをなかなかとりに来なくても、オーダーしたものが忘れられていてもイライラしちゃダメ。
・ワインのボトルは女性が男性に注いじゃダメ。
・音に気をつける。たとえば鼻をすする、コーヒーをすする、大声でのおしゃべりはいやな顔をされます。
　パリの友人から教わったマナーです。

プチ・デジュネ（朝食）は
どこに行こっかな？

　パリだもん、朝は近所のブーランジェリーに行って、ほんの
りとまだ温かいクロワッサンを買って食べるのが一番しあわせ
に決まってるよ。
　もし宿泊先がアパルトマンなら、スーパーで買ったヨーグル
トやバターを冷蔵庫に常備しておいて、そこに現地調達したコ
ンフィチュールや旬のフルーツを添えたら、最高にしあわせで
完璧なプチ・デジュネになります。
　宿泊先がホテルなら、予約する時に朝食付きにせず、近くの
カフェでいただくのもおすすめ。だってここはパリだもん。

　とびきり素敵なプチ・デジュネがいただけるお店を教えちゃ
うね。

CARETTE
_{カレット}

　パリに行ったらどうにか時間をつくって、必ず行くほど好きです。

　特にヴォージュ広場前の店舗は、建物を取り囲むアーチがとても雰囲気があって、そのアーチから望むヴォージュ広場も美しく、わたしにとってパリでのご褒美カフェです。季節がよければぜひ人気のテラス席で、"落としもの"待ちのすずめたちとパリらしい朝の時間を過ごしてみてね。

　わたしのプチ・デジュネのメニューはこんな感じ。

・フレッシュジュース

・ヴィエノワズリー

・コンフィチュール

・コーヒー（冬場はショコラ ショーを選びます）

　以前バタートーストを注文したことがありました。食べやすいように耳がきれいにカットされ、添えられていたバターはクルクルっと薔薇の形に。感動しました。

　カレットに行かれた際は、Maison Gatti（メゾン・ガッティ）の籐製の椅子も必見。象さんのような耳がついているの。

CARETTE Place des Vosges
25 Place des Vosges 75003 Paris

カフェ・ド・フロール
CAFÉ DE FLORE

よく「ドゥ・マゴ派？カフェ・ド・フロール派？」と聞かれます（向かいにある『Les Deux Magots』もとても有名なカフェです）。わたしは昔から断然フロール派。

理由？うーん…、シンプルにファンなのです。

人気のテラス席に座れたらラッキー day！

いつも注文するものはクロワッサン（大きいよー）とショコラ ショーと決まっているけど、一冊の美しい本のようなメニューをパラパラとめくりたくて、注文を迷っているフリをしちゃいます。そしてフランス人をまねして、一口大にちぎったクロワッサンをショコラ ショーにちょんちょんと浸して"しみしみ"にして食べるの。ぷはぁ〜♡しあわせ。

黒と白の制服を着たギャルソンたちがテキパキと働く姿、行き交うパリジャン・パリジェンヌ、そしてフランス人のカフェでの過ごし方を眺めていると、もうそれだけで『わたしは今パリにいるんだ』と胸がいっぱいに。わたしにとってカフェ・ド・フロールはカフェの域を超え、もはやフランスの文化を感じられる場所なのです。

ゲストが変わるたびにギャルソンがパパッと交換する紙製の丸いテーブルクロスは、クチャクチャと丸められちゃうのですが、一度「わたしのテーブルのコレほしいです！」とジェスチャーで伝えてみたら、パチっとウインクしてクルクルっと丸めてプレゼントしてくれました。こんなやりとりも、旅ならではだと思うから楽しんでほしいな（忙しそうな時は、声をかけるのはやめましょうね）。

他のカフェに比べて高価だけどそれ以上に訪れる価値がある、わたしにとっては特別な場所。

また行きたいカフェ

仕事柄、海外のCafeにとても興味があります。おいしいことはもちろん、雰囲気だったり、使っている食器だったり、働いている人だったり、そして場所も。

パリに行くといくつかのカフェに寄るけれど、『ここまた来たいな』『他のメニューも食べてみたいな』と思う店は意外と少ないの。どうしてもカフェを見る目はきびしくなっちゃう。そんなわたしのハートをわし掴みにしたカフェを紹介するね。

タピスリー
TAPISSERIE

大好きなレストラン『SEPTIME（セプティム）』が2021年に新しくオープンしたパティスリー。ミシュランで一つ星を獲得して、ますます予約が困難になった（なってしまった）セプティムのスペシャルなデザートがいただけます。

だからといって気取ったケーキではなく、タルトやフランなど日常の素朴なケーキが並んでいるところもわたしのお気にいり。いつ行っても人気で売り切れのクロワッサンを、次の渡仏ではいただいてみたい。

エッフェル塔にほど近い11区シャロンヌ通りにあり、店構えも気取りがなくとても入りやすいので、エッフェル塔に会いに行く時にぜひ組み合わせて。

店名の意味を聞いてみると…、『TAPISSERIE』のTとPを入れ替えてみて！ほら、PATISSERIEになります。

TAPISSERIE
65 Rue de Charonne 75011 Paris

CAFÉ PAVANE

22 Rue de Vaugirard 75006 Paris

カフェ・パヴァーヌ
CAFÉ PAVANE

　リュクサンブル公園を一周散歩した帰り道に、たまたま見つけたサロン・ド・テ。

　クンクン、クンクンと食いしん坊の鼻が効いてなんの前情報もなく入ってみると、ショーケースにジャン＝ポール・エヴァン氏の美しいケーキが並べられているではないですか。こちらのカフェではJEAN-PAUL HÉVINのケーキが食べられるのね…それもそのはず、なんとエヴァン氏のお嬢様（マノン・エヴァン）が2019年にオープンしたサロン・ド・テだったのです。

　聞くところによると、カフェ・パヴァーヌの専門はロシア料理だそうで、次はピロシキなどロシア料理のデジュネ（ランチ）をぜひゆっくりいただきたい。

　美しいマノンさんらしいとてもフェミニンな、本当は秘密にしておきたいサロン・ド・テです。

CAKE CITRON
PAVOT
4€

CAKE VEGAN
AMANDES
CITRON
4€

CAFE PAVANE
RESTAURANT & SALON DE THÉ

©CAFÉ PAVANE

©CAFÉ PAVANE

Dreamin' Man

140 Rue Amelot 75011 Paris

2022年9月に2店舗目をopen！
2店は徒歩圏内（10分ほど）なので
ぜひハシゴをね。
12 Rue Perrée 75003 Paris

ドリーミンマン
Dreamin' Man

　パリでおいしいコーヒー（Long Black）が飲みたくなったらドリーミンマンへ。わたしは滞在中に必ず1〜2度足を運びます。

　おいしいのはコーヒーだけじゃないのよ。店内で焼いている手作りのデザートは何をいただいてもほっこりとおいしいのです。今まで食べたグラノーラ、ショートブレッド、プリン、バナナケーキ、レモンケーキ、カヌレ、どれもおいしくて甘い記憶に残っています。スコーンに関しては、私の息子は「なにこのスコーン！おいしすぎる。世界一おいしいスコーンだよ」と大絶賛。その世界一おいしいスコーンは、とうとう私の口まで届きませんでした。

　正直とても小さなカフェです。その小さなスペースは、ドリンク片手に友達や恋人、ファミリーそして仕事仲間とのおしゃべりを楽しむ人たちで常に店先まであふれている（時々わんこも）。

　何よりすばらしいのは、オーナーとスタッフのゲストとのコミュニケーションのとり方。何とも軽快で楽しそうなのだ。その様子をコーヒーを飲みながら眺めていると、こっちまでしあわせな気分になってくるのです。1日のはじまりを毎朝ここで過ごせたらなぁと思う、パリにありそうで今までなかった一番大好きなカフェです。きっとこの先も。

PHOTO : Eva NOEL

PHOTO : Eva NOEL

MAISON PLUME
61 Rue Charlot 75003 Paris

メゾン・プリュム
MAISON PLUME

　パリらしいプラム色のファサード。店の前を通るたび足を止めていました。けれど『グルテンフリーかぁ』と入店することはなく…。

　ところが2023年の春あたりから突然身体に異変（全身ひどい発疹と眠れないほどの痒み）が現れ、細かく検査をしてみたら小麦アレルギー（重度）とナッツアレルギーであることが判明したのです。私の場合、摂りすぎたことが原因のひとつだそう。たしかに米よりパンが好き。ケーキに関しては仕事柄毎日試食していたし、毎晩ビールを飲んでいた。

　医者から「パリでもビールとパンとケーキとナッツをがまんしてください！あと白い砂糖もなるべく控えるように」と言われ、パリでケーキとパンをがまんするなんて無理ぃぃぃ！と、その時に「あっ♡」とこちらの店の存在を思い出したのです。

　フランス語でグルテンフリーのことを "Sans Gluten"。

　白い砂糖を使っていないことを "Sans sucres blanc"。

　ナッツを使っていないことを "Sans noix"。

　ってパリ在住の友人に教わりました。

　白い砂糖も小麦も使っていないタルトって正直どうなんだろう？と思っていたら、「ごめんなさーい」と謝りたいぐらいシトロンのタルト（PLUME CITRON MERINGUÉE）がおいしくて、フレジェ（PLUME FRAISIER）も追加しちゃったほどです。

　店内のインテリアもとてもかわいいの。もし私と同じアレルギーをもっていてもご安心を。お腹も心も満たしてくれる店がパリにはありますから。

おすすめのブーランジェリー

わたしはパンが大好き！朝、昼、晩、3食パンでも全く問題なし。よく「パリの滞在が長いと日本食が恋しくならないですか?」って言われるけど、ぜーんぜん（だからかな、パリの日本食レストランに詳しくないです）。

そんなわたしなので「あの店のクロワッサンがおいしいよ」なんて情報が耳に入ったら、どんなに不便な場所でも行かないわけにはいかないのです。なぜならそこに愛するクロワッサンがあるから。

最近わたしの舌がときめいたお店をいくつかご紹介。

> **ラ・メゾン・ディザベル**
> **La Maison d'Isabelle**

クロワッサンを研究し、おいしく焼く名人の友人から「かおりさん、パリに行ったらぜひここのクロワッサンを食べてみて」とおすすめされた店。BEST CROISSANT OF PARIS 2018（2018年クロワッサンのコンクール）で優勝。

最初から期待大だったけど、一口目でわたしの中でのクロワッサン部門の順位が覆されました。まず食感に驚く。外はさくっとカリカリ（ちょっと焼き過ぎ？という日もある）、中は気泡が整っていてもちーっと。バターの香りが格段に違い、バランスが良くて全体的に重すぎない。そしてお手頃な価格にも驚いた。

焼きたてを食べながら歩いてホテルまで帰るつもりが、あまりのおいしさにこりゃもうひとつ食べたい！と引き返したほど。帰国日にどうしてもまた食べたくなって再訪しました。

> **La Maison d'Isabelle**
> 47ter Bd Saint-Germain 75005 Paris

MAMICHE
45 Rue Condorcet 75009 Paris

　パリ在住の食通の友人に「最近話題のパン屋さんを教えて！」と出発前から毎回
情報をもらいます。そのひとつが９区にある『マミッシュ』。
　チョコレートがたっぷり練り込まれたBABKA（バブカ）がおすすめと聞いてい
たのに、大きなクロワッサンに目がいってしまって失念。クロワッサン（天然酵母）
は外はさっくさく、中はしっとりと弾力がありわたし好み。再訪決定！
　次こそはBABKAを。もちろんクロワッサンも。

DU PAIN ET DES IDÉES

34 Rue Yves Toudic 75010 Paris

デュ・パン・エ・デジデ
DU PAIN ET DES IDÉES

　言わずと知れた名店。店構えも好き
で、パリに行くたび、必ず立ち寄ります。
ピスタチオとチョコレートがぐるぐると
入っているエスカルゴは、コーヒーと一緒
に店先で食べるもよし、近くのサン・マル
タン運河でパリジェンヌ気取りで食べ
るもよし。

　わたしは帰国日にパン・デ・ザミを買
いに行くのがお決まりになっています。
分厚くカットしたパン・デ・ザミに同じ
く持ち帰ってきたバターをこんもりのせ
れば噛むごとに美しいパリの景色がふ
わーっと広がるのです。

　おまけ情報。本場のフランスパンを食
べてみたい…。でも1本は旅行者には多
すぎる…。あきらめないで。わたしも最
近知ったのですが、"半分"ください！
ができます。渡された時にまだほんのり
と温かかったら、お店を出てから先っ
ちょをパクリといっちゃってください。
これ、フランス人もよーくやっています。

　もしバゲットとトラディションで迷っ
たら、ぜひ伝統製法で作られるトラディ
ションを！皮はカリカリ、中は気泡が粗
くしっとりもちもち。わたしはバゲット
よりトラディションが好きです。

SAIN BOULANGERIE
23 Rue des Gravilliers 75003 Paris

サン・ブーランジェリー
SAIN BOULANGERIE

　わたしにしては珍しく新規開拓をした店。

　昨年の初訪問時はイートインスペースがなくてブラックベリーのタルトとクロワッサンをテイクアウトしてホテルの部屋で食べました。2023年春、広いイートインスペースが併設されている2店舗目がパリ3区にオープンしたと聞いて、待ってました〜！と訪問。

　パンの種類が豊富で選びきれなくて、ケースの前を行ったり来たり。ちょっと小ぶりなサイズ感は種類がいくつも食べられるからよくばりさんにはうれしい。ケーキ類も評判がよくて、迷って迷って選んだCAKE CITRONは今すぐまた食べたくなるぐらいおいしかったー。

　次から次へとパンを求める人が途切れないのも納得のブーランジェリー。次はぜひBRUNCHも食べてみたいな。

　＊カリッと黄金色のパン・オ・ショコラはフンフン♪と鼻歌がでちゃうほどおいしかった。おすすめ♡

Aller à Paris Avec Madame Lotta

Chapitre 3

パリからのショートトリップはじめました

パリからLyonへ日帰り旅行（買い付けの旅）

パリに行く目的のひとつがアンティークの買い付けになってから、列車でちょっと遠出にチャレンジ。フランス第2の都市 Lyon（リヨン）へは TGV（高速列車）で約2時間でアクセスできます。

パリに6つある主要ターミナル駅のひとつ

Paris Gare de Lyon 駅	乗車
Gare de Lyon Part-Dieu 駅	下車

＊Paris Gare de Lyon 駅はとーっても広いから、余裕をもって早めに駅に向かいましょう！

まず乗車する列車が HALL1 から出発するのか HALL2 からなのかを確認してください。これを間違えたら HALL 間の移動は距離があるので乗り遅れてしまう可能性がぁぁぁ！

HALL に着いたら次に確認するのは何番線から出発するのか？ただしこれは出発時間の5〜10分前にならないと掲示板に出ません。それを見て民族の大移動のようにダーっと大勢の人が移動します。そして車両が長いこと長いこと…。つまりですね、乗車するまでに時間がかかりすぐ発車となるのです。

　無事に予約席に座れたら、あとは安心して車窓からの美しい眺めを存分にお楽しみくださいね（寝るなんてもったいない）。車内には食堂車もあります。流れる景色を眺めながらのコーヒーブレイク（アルコールでも。笑）も最高です。

　Gare de Lyon Part-Dieu 駅到着後に次のミッションが。隣町ヴィルバンヌのアンティークマーケット『Les Puces du Canal（レ・ピュス・デュ・カナル）』までどうやって行くか…。バスなどの公共機関を乗り継いで行けるようですが、わたしはとにかく早く買い付けをしたくて駅前からタクシーを利用します（15分程度）。

> ＊毎週木曜日、土曜日、日曜日の昼過ぎまで開催しています。日帰りならパリへ戻る列車も予約しておくといいでしょう。

　アンティークマーケットは5ヘクタールの広さがあるので、お目当てのものを扱っているブースから見てまわりましょうね。わたしの場合、古いお皿や布ものを扱う店が多い『Halle Louis La Brocante』をまず目指します。教えたくないけど、38番のマダムの店は食器好きならば「うお〜っ♡」となるでしょう。圧巻です。

PARIS → LYON

さっ、無事買い付けが終わって、ここで最後のミッション…。

アンティークマーケットからGare de Lyon Part-Dieu駅まで戻る交通手段をどうするか？です。日本のようにアプリを使って「タクシーを呼べばいいね」という考えは通用しません。呼べるのかもしれませんが、わたしは今までにマーケットに2度行きましたが、タクシーを呼べた試しがありません。じゃあどうやって駅に向かったのか。大きな声では言えませんが…、カフェでどうしよう、どうしようと困っていたら、隣の席のマダムが「何をそんなに困っているの？」と声をかけて下さり、親切に車で駅まで送ってくれました（これは奇跡）。次回は自力で駅までがんばらないと。

いつか美食の街と言われるリヨンで1泊して、ゆっくり楽しみたいな。

＊もし帰りの列車まで時間があったら『BERNACHON（ベルナシオン）』で生ケーキを購入して列車内で食べるのもおすすめ。タブレットはパリ市内にできた店舗で購入できますが、生ケーキが買えるのはおそらくここリヨン店だけです。

パリからロンドンへ ショートトリップはいかが？

「パリ北駅」からユーロスターに乗って、片道2時間ちょっとでロンドン「セント・パンクラス国際駅」に到着。日帰りだって可能な距離。何の予定も入っていない日に、ふらっとロンドンへショートトリップなんていかがでしょうか？全く別の魅力があるパリとロンドン。できれば数日ゆっくりと過ごしてほしいけれどね。

＊国をまたぐのでパスポートをお忘れなく！またユーロスターの金額は、乗車時期、時間、曜日、座席のランクによって大きな差があります。早めに予約をした方が圧倒的に安いです。

わたしが思うロンドンは、"古くてどこか新しい"。独自のライフスタイルが確立されている。そしてロンドナーはとてもシャイで親切で花が大好き。

ファッションに関しては…ときどき二度見したくなるけど、人目を気にしないで、それってなんかかっこいい。

　約10年ぶりに訪れたロンドンでわたしが心奪われた場所があります。それがロンドン南西部のリッチモンドにある、ロンドン随一の園芸店『Petersham Nurseries（ピーターシャム ナーサリーズ）』です。ロンドン通の友人たちから「えーっ！行ったことないのぉ？」と言われてはいたものの、訪れたのは今回が初めてでした。

　あまりの美しさに、翌朝ふたたび行っちゃったほど。広大な敷地内には四季折々の美しい花が並ぶ園芸コーナーの他に、ティーハウス、レストラン（要予約）、センスのよいインテリアショップが併設されていて、ここでたっぷり半日過ごせます。

　ピーターシャム ナーサリーズでいい時間を過ごしたら、緑のトンネルを通り、自然豊かな田舎道をゆっくり歩いて、テムズ川沿いまで足を伸ばしてみて。わたしが行った季節（6月）は、青々とした芝生の上で顔の上に本をのせてゴロンと昼寝をしている人、あぐらをかいてカードゲームを楽しむ若者を多く見かけました。なんてうらやましい。

　イギリスのおすすめの場所はどちらですか？と聞かれたら、私は間違いなく「リッチモンドのピーターシャム！」と即答するでしょう。もし看板猫の黒猫ちゃんに会えたらあなたはラッキーよ！（不愛想だけどね）

Petersham Nurseries

Church Lane, Off Petersham Rd
Richmond, TW10 7AB

アンティークはお好きかしら？

アンティークがもしお好きでしたら、ロンドン滞在中にイギリス南東部の小さな城下町Lewes（ルイス）にアンティークハントに行かれてみてはいかがかしら。「ロンドン・ヴィクトリア駅」から列車でわずか1時間ちょっとの距離なので、ルイスに行く時はわたしは気軽に日帰り。夕方にはロンドンのパブに立ち寄れます。

残念なことに、以前に比べるとアンティークマーケットは減ってしまいましたが、それでも屋根付きのアンティークマーケットの中はまるで迷路のようで、床から棚の上までありとあらゆるもので溢れかえっています。見逃しがないようにじーっくり見てまわってね。きっとビビっとくる出会いがあるはず。わたしは出会いが多すぎて、帰りはいつも両肩が引きちぎれそうになっちゃう（プチプチを持参することをおすすめします）。

ルイスの魅力はアンティークハントだけではありません。典型的なイギリスらしい風景、石畳の坂道、古城、イングリッシュガーデン、おいしいと評判のパン屋さん。そしてそして、小さな街なのに地ビールHarvey'sの醸造所まであるのです。わたしは割れ物を肩が引きちぎれんばかりに抱えているので、ビールはここではぐっとがまん。

ロンドンへ戻る列車の時間を気にしつつ、わたしの大好きな小さな街Lewesで、ゆったりのんびり"かわいい時間"を過ごしてほしいな。

> ＊列車の中で感じたこと。個々にスマートフォンでゲームをしている人は見かけません。友人とカードゲームを楽しむ若者が多いことに、とても好感がもてました。

FLINT OWL BAKERY

パリのカフェとロンドンのカフェの違いって？

わたしの主観になっちゃうけど。

パリは <u>Cafe</u>。

それに対して10年ぶりに訪れたロンドンは街を歩いているとパン屋さんばかりで、<u>Bakery Cafe</u> が充実しているように感じました。ベーカリーカフェとは、焼きたてのパンがたくさん並んでいてそこから食べたいパンを選び、ドリンクも合わせて注文して店先のテラスで気軽に食事をとるお店、といった感じでしょうか。店員さんのノリもよくて、テラス席が広くてカジュアルで気持ちのよい店が多いのです。あくまでもわたしの主観ね。

ロンドン滞在中、ホテルでは朝食をとらないで、気になっていたいくつかの Bakery Cafe に足を運びました。

6月という季節もよかったのでしょう。街中に花が咲き乱れ、個人宅の玄関先も競うかのようにバラのアーチなど美しく手入れがされており、それを眺めながら店まで歩きました（たびたび足が止まっちゃうからなかなか辿り着かない。笑）。

店はね、いい意味で"パンがおいしい！"というより"なん

て気持ちがいいのー”という印象。楽しんでる姿が So cool！

　特にわたしが気に入ったお店をあげるとね。

『Violet Cakes』

　ショーケースに並んだ、フルーツピューレを練りこんだカラフルなカップケーキたち、なんてみんなかわいいの♡

『Jolene Bakery & Restaurant』

　テラスの長テーブルがいつも人であふれ、賑やかでとにかく心地がいい。

　最後に特別なカフェも。

　それはヴィクトリア＆アルバート博物館（通称V&A）にあるの。涙を流しながら絵をみている女性、その女性にそっとティッシュを差し出す人、その姿に感動するわたし。そんな素敵な博物館の中にあるのが『Morris Room(モリス・ルーム)』。まだ若く無名だった時代のウィリアム・モリスが初めて公共の場のデザインを手がけたこちらの部屋。ロンドンの旅をしめくくるのにふさわしいカフェです。

　金曜日は夜遅くまで開館しているので、夜のロマンチックな博物館もおすすめです。

PARIS → LONDON

ÉPILOGUE

本のタイトルを決めるとき、

『Paris Paris Paris』

しか思い浮かびませんでした。

これはボツになっちゃったけれど、

このタイトルを思い浮かべた理由が伝わっているとうれしいです。

"ガイドブックではないパリの本が書きたい"という、

わかりづらいわたしの夢を形にしてくださった旭屋出版さま、

わたしの期待を飛び越える

キュートなデザインをしてくださったスーパーミーさま、

時間と手間を惜しまずサポートしてくれた友人たちに、

この場を借りてお礼申し上げます。

最後に。カバーのクロワッサンのイラストのお礼を。

この本のために快くおいしそうなクロワッサンを焼いて（描いて）くださった

イザベル・ボワノさん、

Merci pour l'illustration. Je l'aime ♡

Automne 2023

桜井かおり

Paris
Paris
Paris

桜井かおり（さくらい　かおり）

文筆家、カフェアドバイザー

東京・代官山の人気雑貨店等での勤務を経て、2001年3月、松陰神社前商店街に『café Lotta』を開業。20年の節目となる2021年9月、建物の老朽化による取り壊しで、多くのファンに惜しまれつつ閉店。現在は、文筆家として、天然生活webにて連載『カフェロッタ桜井かおりの雑記帖』を執筆の他、講演会の講師、オンライン・トークサロン「Salon de Kaori」の開催、パリのアンティーク食器の買い付け等、幅広く精力的に活動する。著書に「カフェロッタのことと、わたしのこと」「愛してやまないカフェロッタのことと、わたしのこと」（小社刊）。

桜井かおり　インスタグラム　@kaorilotta

編集　北浦岳朗、齋藤明子
編集協力　三富千秋
撮影　桜井かおり、篠あゆみ（P65、P120）、Julien Reverchon（P90 〜 91）、CAFÉ PAVANE（P92）、Eva NOEL（P96）
表題・イラスト　イザベル・ボワノ
クリエイティブディレクション　脇もとこ（Super me inc.）
アートディレクション　山口アツシ（Super me inc.）
デザイン　渡辺彩加（Super me inc.）

マダム・ロッタとパリ行かない？

発行日　2023年9月30日　初版発行

著　者　桜井かおり（さくらい・かおり）
発行者　早嶋 茂
制作者　井上久尚
発行所　株式会社 旭屋出版
〒160-0005　東京都新宿区愛住町23番地2 ベルックス新宿ビルⅡ 6階
TEL 03-5369-6423（販売部）
TEL 03-5369-6424（編集部）
FAX 03-5369-6431
https://asahiya-jp.com
郵便振替 00150-1-19572
印刷・製本　株式会社シナノパブリッシングプレス